让孩子更聪明的益智经典

XIAOXUESHENG ZHILI CEYAN QUANSHU

小学生

智力测验全书

悠然◎主编

江西美术出版社
全国百佳出版单位

图书在版编目（CIP）数据

小学生智力测验全书 / 悠然主编 . -- 南昌：江西美术出版社，2017.1（2021.11 重印）
（学生课外必读书系）
ISBN 978-7-5480-4924-1

Ⅰ.①小… Ⅱ.①悠… Ⅲ.①智力测验—少儿读物 Ⅳ.① G449.4-49

中国版本图书馆 CIP 数据核字（2016）第 260690 号

出品人：汤 华

责任编辑：刘 芳 廖 静 陈 军 刘霄汉

责任印制：谭 勋

书籍设计：韩 立 吴秀侠

江西美术出版社邮购部

联系人：熊 妮

电话：0791-86565703

QQ：3281768056

学生课外必读书系

小学生智力测验全书　　悠然　主编

出版：江西美术出版社

社址：南昌市子安路66号

邮编：330025

电话：0791-86566274

发行：010-58815874

印刷：北京市松源印刷有限公司

版次：2017年1月第1版　2021年11月第2版

印次：2021年11月第2次印刷

开本：680mm×930mm　1/16

印张：10

ISBN 978-7-5480-4924-1

定价：29.80元

"每个孩子都是天才"，都拥有无限的大脑潜能，然而这并不意味着每个孩子出生后会自然成长为天才，孩子的智力潜能需要父母用心系统地去开发。让孩子做智力测验题是锻炼思维能力、观察能力，提升智力的有效办法之一，可以使孩子的全脑智能得到最大限度的开发，帮助孩子以自己的方式主动探索，从而在游戏中自由、愉快、积极、主动地发展。

今天，全世界聪明的孩子都在做着各种各样有趣的智力测验题，无限地开拓自己的思维和潜能。在课余时间玩玩拼图形、移火柴、摆棋子、填数字和画线、推理、想象、计算等各种游戏，既能玩得开心，又能受到有益的启迪；既能把课堂上学到的知识运用到游戏当中，又能使课堂上学到的知识得到相应的补充。在游戏的过程中，需要大胆地设想、判断与推测，需要尽量发挥想象力，突破固有的思维模式，多角度、多层次地审视问题，将所有线索纳入自己的思考。完成书中的游戏，孩子的思维能力将得到全面的开发，观察分析力、想象创造力、注意记忆力等各方面都得可以到极大的提升。

不想陷入枯燥的题海中，希望"边玩边学"的孩子们快翻开这本书吧！书中选了200多道世界经典智力测验题，将适合小学生的各类智力测验题目一网打尽，包括数字游戏、图形游戏、观察分析游戏、逻辑与推理游戏、文字游戏，分角度培养和提高小学生的各项能力，如空间想象、图形辨别、逻辑推理、数学演算、观察分析、语言、记忆、专注等。一道道精心设计的智力游戏题，能充分调动孩子的脑细胞活力，帮助其清除思维障碍，改变思维定式，转换思维方式，开发深层潜能，让孩子在思考中收获快乐，越玩越聪明，越玩越开心！

书中设置的题目由易到难，能满足不同程度的孩子的需要。此外，还穿插了一些趣味小插件，如脑筋急转弯、益智笑话等，充分调动孩子的阅读兴趣。本书的参考答案不只告诉孩子最终的结果，还详细解析了答题过程，比同类图书更实用。全书运用生动的语言、可爱俏皮的插图与孩子们进行近距离的互动，让他们在解题的同时，IQ直线上升，各种能力不断增强，同时获得审美的愉悦。

翻开本书，便可开始一场头脑风暴，而合上书，便经历了一次超值的智慧之旅。你更擅长哪一类智力游戏？谁是最聪明的小学生？选几道智力测试题，大家快来比比看吧！

MULU

目录

第一章　初级篇

第二章 中级篇

$$A+A = A \times A$$
$$B \times B = B + B$$
$$c + c = c - c$$

第 二 章 高级篇

去上面是字，
去下面是字。
去中间是字，
去上下是字。

初级篇

数学能力

1 破译密码

　　小熊和小猴各有一个保险柜，保险柜的密码都是三位数，请根据提示破译密码，把密码写在"□"里。

我的密码是三个相同的数字，它们相加等于9

我的密码是三个连续的数，相加也等于9

2 数字游戏

　　请你在下面的9个方格里写上0、1、2、3、4（数字可以重复使用），使每个箭头所指方向的数字相加都等于6，快来试一试。

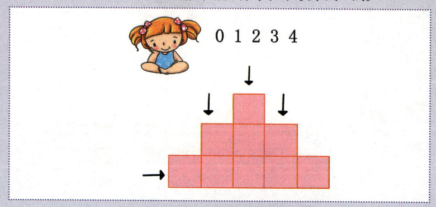

3 八戒的难题

猪八戒找不到双数了，请你帮忙找一找，并用笔圈出来。

4 太阳、月亮、星星的聚会

根据算式，写出每个图形代表的数字。

☀ + 🌙 = 40

22 − ☀ = 1　　☀ + ☆ = 35

☆ =

🌙 =

☀ =

3

5 填数

根据图例，在空白的方块上写上数字。

6 蔬菜数字

根据图意推断出每种蔬菜代表的数字，并写下来。

豌豆 + 茄子 + 萝卜 + 辣椒 = 18

辣椒 + 豌豆 + 辣椒 + 辣椒 = 13

萝卜 + 辣椒 + 豌豆 + 萝卜 = 19

豌豆 + 豌豆 + 豌豆 + 豌豆 = 16

茄子 □　萝卜 □　豌豆 □　辣椒 □

7 小猫咪过河

小猫咪必须踩着得数为16的石头才能到对岸，它应该怎么走呢？

8 比比看

一头大象和几头猪一样重？

9 玩具的价格

请你按照下面的价格关系，为每件玩具选择正确的价格，并且用线连起来。

| 20元 | 9元 | 12元 | 15元 | 8元 | 13元 |

10 奇怪的生日

有位老人家，两天前是107岁，今天是108岁，今年过生日的时候就是109岁了，而明年过生日时将是110岁。

这在现实生活中可能发生吗？如果可能的话，今天是几月几日，老人的生日又是几月几日？

11 小鸭子找妈妈

小鸭身上算式的结果等于鸭妈妈身上的数字，请你为小鸭找到各自的妈妈吧！

12 高高的城堡

小朋友们在用积木建城堡,请你按照城堡由高到低的顺序，奖励他们数量由多到少的糖果，并把他们和奖励的糖果连起来。

13 保险箱

每个小动物都有一个保险箱，你知道它们的密码吗？请你根据左边的算式推算一下，并把正确的密码与小动物连起来。

14 分鱼吃

每种动物吃不同数量的鱼，请你根据这种关系，判断出下面这些动物组合起来各需要吃多少条鱼，并与左侧的数字连起来。

15 做错的作业题

下面是老师留的作业题，有一道题做错了，请你把它用"○"圈出来，然后把这道题的正确答案写在下面的方框里。

$$\begin{array}{r} 19 \\ -11 \\ \hline 8 \end{array} \qquad \begin{array}{r} 20 \\ -12 \\ \hline 8 \end{array} \qquad \begin{array}{r} 11 \\ +9 \\ \hline 13 \end{array}$$

$$\begin{array}{r} 11 \\ +11 \\ \hline 22 \end{array} \qquad \begin{array}{r} 20 \\ -9 \\ \hline 11 \end{array} \qquad \begin{array}{r} 10 \\ +11 \\ \hline 21 \end{array}$$

16 算一算

请你从1、2、3、4、5、6、7、8、9、10中选出9个数填在"○"里，组成三道算式。每个数只能用一次哦！

$$\bigcirc + \bigcirc = \bigcirc$$

$$\bigcirc + \bigcirc = \bigcirc$$

$$\bigcirc + \bigcirc = \bigcirc$$

语言能力

1 它们什么样

下面的形容词形容哪个动物最适合？请你选一选。

| 凶猛的 | 胆小的 | 顽皮的 | 美丽的 | 懒惰的 |

益智笑话

李老师看完苗苗的作文后，对苗苗说："看着你的作文，怎么老想打瞌睡呢？"苗苗眨巴着眼睛说："那是因为我的作文是我打着哈欠写出来的呀！"

2 还缺什么字

先观察图片，然后将词语中缺少的字填上。

3 表扬和批评

请小朋友分别将与"表扬"和"批评"相关的苹果和对应的篮子连起来。

4 美丽的家

请你用"……是……的家"的句式描述图中的景色。

益智笑话

小明的作文："今天写完作业后，我拿出妈妈缝衣服的针来玩，一不小心扎死了一只小鸡，我很难过，以后再也不玩针了。"

老师的评语："可不可以告诉老师，你是怎么一下就扎准那只鸡的死穴的？"

5 农场里的小动物

农场里的动物们都在做什么呢？说一说，并把下面的句子补充完整。

小牛在

小狗在

鸭子们在

小猪在

6 中国的传统节日

下面两幅图画分别描述了哪个传统节日呢？

7 词语接龙

小朋友，你玩过接龙游戏吗？就是从上到下，让事物名称的首尾字发音一致。例如："山羊"后面可以接"羊角"。下面就请你按照这个规则接接看吧！

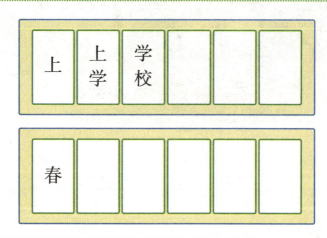

上	上学	学校			

春					

8 小兔拔萝卜

小朋友，请你看图给爸爸妈妈讲故事。

9 看图写成语

下面两个小朋友都在画画，可是他们的态度却很不一样，你能分别用一个成语来形容他们吗？

（　　）心（　　）意　　　　　（　　）心（　　）意

10 小鱼

两条小鱼在说话，你把下面泡泡里的拼音连成一句话，就知道它们在说什么啦！

11 分类

按照下面各题的要求写出答案。

（1）请在各组词语中找出1个与其他4个不属于同一类的词语，用"○"标记出来。

脏　摸　看　听　闻

苦　甜　咸　哭　酸

（2）请在各组词语中找出1个与其他4个意思相反的词语，用"○"圈出来。

爬　停　跑　走　滚

脱　披　戴　穿　围

12 巧接词语

做做下面的词语接龙游戏，请你从"天气"开始写到"果冻"，把正确的词语写到空白处！

观察注意力

1 排排队，找规律

有些方格里的图案不见了，请你根据排列规律，在空白处画出正确的图案。

2 太阳的位置

请根据小动物的影子判断太阳的位置，并将位置正确的太阳画出来。

3 **去哪里摘果子**

看看下面的水果，你知道它们是从哪里摘下来的吗？请你连一连。

4 **鼹鼠的地道**

比一比，看哪条地道最长，按从长到短的顺序给三条通道排序，将序号写在括号内。

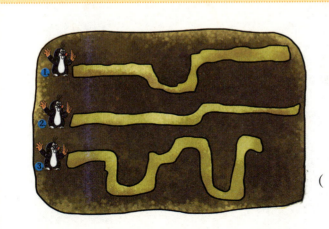

（　　）

19

5 谁先到

两个小朋友走路的速度一样快，那谁会先到小屋呢？

6 谁最重

每组中图上亮红灯的小朋友体重重一些，请通过四次比较找出最重的小朋友。

7 用了什么工具

哪些工具能使左图中的事物变成右图中的样子？请把工具和相应的图连接起来。

8 找不同

仔细观察，找出下图和上图的不同之处，用圆圈圈出来。

9 不同的一项

每组图中都有一幅和其他图片性质不同的图，请你把它圈出来。

A

B

C

D

10 这是几月发生的事

下面这些图片中的事物分别出现在几月？连一连吧！

11 找错误

粗心的小女孩画了一幅画，但是画中出了5处错误，你能一一找出来吗？

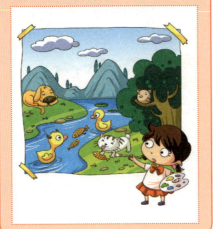

12 抓小偷

厨房里有5只老鼠正在偷东西，你能帮猫警长找出它们吗？

13 小猴和小狗

下图的4个剪影，哪一个才是正确的呢？请猜猜看。

A　　B

C　　D

14 哪个与众不同

请你从下面每组图中找出与众不同的那一个，用"○"圈起来。

15 修围墙

小明家的围墙坏了，小明要用多少块砖才能把墙砌好呢？

（　　）块

16 树桩的年轮

哪个树桩的年龄最大，请你画上"√"。

A   B   C   D

17 镜子里的世界

贝贝在上面的图下方放了一面镜子，然后在下面画出了上面的图在镜子中的样子，但有5处错误，请在下面的图中用"○"标记出来。

18 小青蛙过桥

小竹桥，摇啊摇，青蛙哥哥想要走过桥。它该走哪条路才能最快地赶到青蛙妹妹的家呢？

记忆力

1 找照片

图中有好多小朋友的照片，请你花5秒钟记住小红、小明、小丽的模样，然后把小红、小明、小丽的照片找出来，分别做上不同的标记。

小红　　　　小明　　　　小丽

2 去商店

　　妈妈让小朋友去商店买些东西回来。先听听妈妈是怎样说的，然后再看看下面的图，从中圈出妈妈要买的东西。

　　做菜用的辣椒和盐用完了，请帮妈妈买点回来，再给奶奶买一块蛋糕，给爸爸带一份报纸回来。谢谢你！

3 我的玩具架

　　木木的玩具架里有好多她喜欢的玩具。请你仔细观察图片20秒，然后合上书，尽可能多地说出你看到的玩具的名称。

4 各有多少

请你在20秒内记住下面这张图，然后将图遮住。你还记得各种水果的数量吗？

5 画得对吗

请你仔细听妈妈说这段话，再看下面的图，把不符合妈妈描述的地方圈出来。

妈妈：小雪人戴着一顶红色的帽子，围着一条黄色的围巾，可爱极了！仔细一瞧，哟，小雪人的鼻子是胡萝卜做的，眼睛是小黑豆做的，真有趣！

6 春天到

请小朋友先仔细听儿歌，然后根据要求答题。

春天到，花儿开，小朋友们公园赏花来：梨花，杏花，迎春花，桃花，李花，水仙花。

下面哪些花在儿歌中出现过？请圈出来。

下面哪一种花是儿歌中没有的？请把它圈出来。

7 什么东西不见了

请仔细看看图①有什么，然后盖住图①，在图②中找一找少了什么，最后在图③中圈出来。

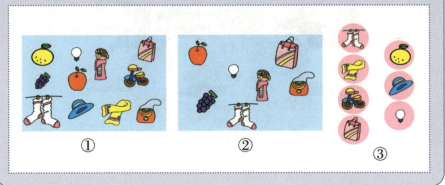

8 厨房里

这是明明家的小厨房，请你仔细观察这张图，30秒后把图盖住，回忆一下图中出现了哪些物品。

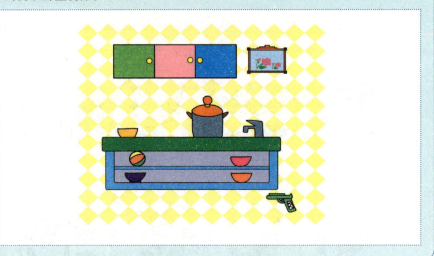

9 苹果在哪里

仔细观察下图，然后遮住，说一说苹果在哪里出现过。

10 哪幅是多余的

四幅小图能拼成一幅大图，请你仔细观察10秒钟后把大图遮住，然后把多余的那幅小图找出来。

11 找毛毛

认真听妈妈讲故事，并将内容记下来，然后用"○"表示出哪个是毛毛。

毛毛是个非常调皮的小男孩，他戴着帽子，穿着黄色T恤衫，绿色短裤，拍着球走过来了。

12 看电影

　　小动物们一起去看电影，请仔细听猫老师说的话，然后给小动物们找到正确的位置，并用线连一连。

　　请小兔坐在从右边起第一个位置，小青蛙坐在从右边起第二个位置，小老鼠坐在从左边起第一个位置，小鸟坐在从左边起第二个位置，小熊坐在大家的中间。

13 动物园

　　妹妹来到了动物园，许多动物都喜欢和她一起拍照呢！请你仔细观察20秒，然后合上书，将自己记住的动物说出来。

空间想象力

1 画一画

请你根据每张纸上的对折线，在另一侧画出对称图形。

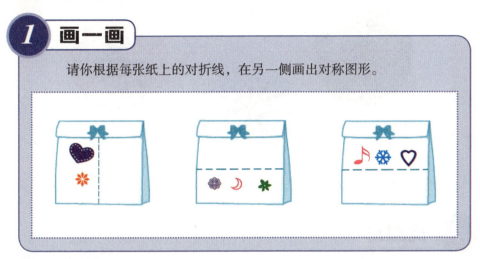

2 它们的影子

把下列事物和它们的影子连起来。

3 找铅笔

找出每组中位于最下面的铅笔，画上"○"。

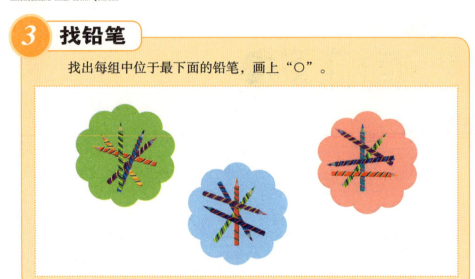

4 找图形

左边的图形水平翻转后，会变成哪个图形呢？请你选一选。

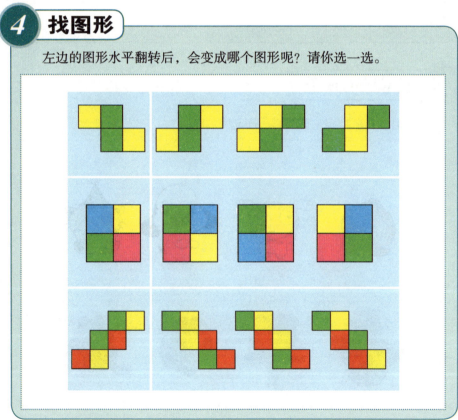

5 展开后的样子

图中的盒子展开后是什么样的呢？请你选出来。

6 图形变变变

请你仔细想一想，下面这些小动物是由什么图形发展而来的呢？动手试一试，看你能画出些什么。

7 找出影子

图中的物体打开后会变成什么样子呢？请从下图中找出它们打开后会呈现的影子，并用线连起来。

书　　　　　　　　贺卡　　　　　　　　文具盒

8 捡足球

小朋友的足球掉进了洞里，用什么能帮助他拿到球呢？

9 放大的图

下面的三个小图是大图中哪个部分放大的？你能找出来吗？

10 过河

小女孩想过河，你能帮她想出什么办法吗？试着在图中画一画吧！

11 太阳下的木桩

请仔细观察下面两幅图中太阳的位置，正确地画出木桩的影子。

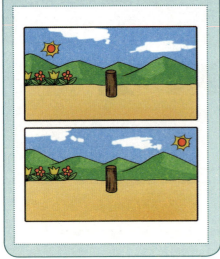

12 镜子里的数字

如图所示，在各个数字的下面放一面镜子，镜子里的数字会是什么样子呢？请找出正确答案，并圈起来。

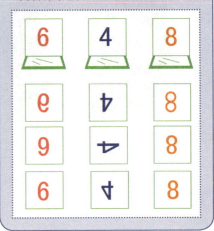

13 小朋友和积木

桌子上摆放着4块积木，4位小朋友从不同的方向看积木。哪位小朋友看到的积木的样子和图例完全相同呢？请用"○"标记出来。

图例

图形辨别能力

1 它们属于哪种动物

　　方框中的图案是某种动物身体的一部分，你能找出它们分别属于哪种动物吗？用线连一连。

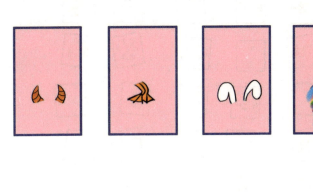

2 串风铃

请仔细观察下面的风铃，按照规律在空白处补画图形。

3 图形宝宝

各种图形可以拼凑成很多有趣的动物造型。看看下面的两张动物拼图，哪一张动物拼图需要的图形更多呢？请你把它圈出来。

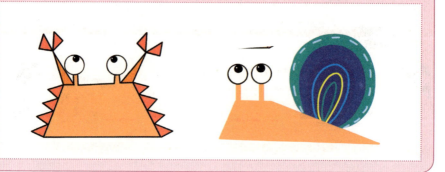

4 小猫找鱼

请你帮每只小猫画出找鱼的路线。

5 三角形排队

三角形是按规律排列的，请你按照规律在空白处接着画图形。

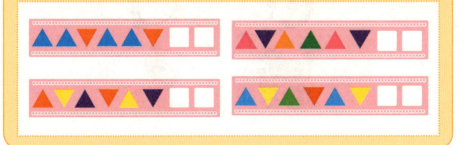

6 对称图形

把图中的图形按虚线对折后，两边会不会重合呢？请把不重合的图形圈出来。

7 打电话

哪两个小动物在通电话？把它们身边的圆圈涂上相同的颜色。

8 图形分割

请你把左右两边的图形配一配对，并连上线。

9 图形游戏

如图所示，请你在下面的每个图形里面画上一条线，使它变成两个三角形。

10 生日蛋糕

袋鼠请朋友吃生日蛋糕，数数一共有几个小动物。哪些蛋糕是四等分的？请画"○"。

11 寻找缺少的部分

下面图中左边的每个图形中间都少了一块儿，请你从右边找一找，哪一块是缺失的部分，用笔圈出来吧！

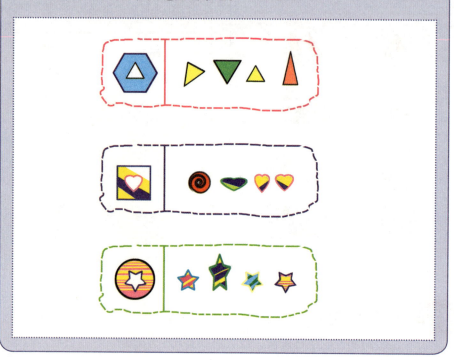

12 找相同的图案

下面的两个框内都有4个图案，请分别在各框中找出面积相同的一组图案，并圈出来。

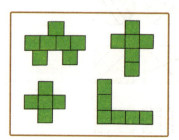
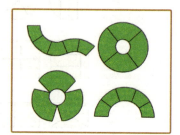

逻辑推理

1 爱吹捧的小朋友

有4个小朋友，在一起相互吹捧。

甲：4个人中乙最好看。

乙：4个人中丙最好看。

丙：我不是最好看的。

丁：甲比我好看，丙比甲好看。

假如4个人中只有1个人说假话，请问：谁最好看？顺序是怎样的？

2 美丽的郁金香和兰花

郁金香和兰花是两种很美丽的花，美娜在花园里一共种了30朵郁金香和兰花，无论你摘下任何两朵花，都至少有一朵是郁金香，那么，你能判断出她种了多少朵兰花吗？

3 狮子的晚餐

狮子逮到了10只兔子，它只想把其中的1只作为晚餐，于是它让这10只兔子站成一排，然后从队首起，"1，2，1，2……"地报数，凡是报出"1"的都可以离开，最后，剩下的那只就是它的晚餐。那么，最后被狮子吃的兔子是哪一只？

4 4对兄弟

下面8个人是4对兄弟，请判断出哪些人分别是兄弟。

彼得（戴眼镜）："我的兄弟瑞克没留胡子。"

莱克斯（光头）："我的兄弟是伊恩。"

艾伦："我的兄弟是约翰。"

甲（有胡子）："我的兄弟是红头发。"

乙："我的兄弟没戴眼镜。"

丙没有说话。

丁（有胡子）："我是弗瑞德。"

5 同一颜色的果冻

你有一桶果冻，其中有黄色、绿色、红色3种，闭上眼睛抓取，至少抓取多少个就可以确定你手上肯定有至少两个同一颜色的果冻？

6 个子问题

小赵比小钱个子高，小孙比小李个子高，小李个子不如小周高，小钱和小周个子一样高。由此可以判断（　　）。

A. 小孙比小周个子高　　　B. 小钱比小孙个子矮

C. 小孙比小赵个子高　　　D. 小赵比小李个子高

7 同一房间的4个人

住在某个旅馆同一房间的4个人A、B、C、D正在听一组流行音乐，她们当中有一个人在修指甲，一个人在写信，一个人躺在床上，另一个人在看书。

（1）A不在修指甲，也不在看书。

（2）B不躺在床上，也不在修指甲。

（3）如果A不躺在床上，那么D不在修指甲。

（4）C既不在看书，也不在修指甲。

（5）D不在看书，也不躺在床上。

她们各自在做什么呢？

8 同一公寓的4个人

　　某天夜里，有一幢公寓里发生了一起枪击事件。住在这幢公寓里的
4个人同时被枪声惊醒，都各自看了自家的钟，当警察赶到现场询问4个
人时，他们分别做了如下回答：

　　"我听到枪声是12点08分。"

　　"不，是11点40分。"

　　"我记得是12点15分。"

　　"我的表是11点53分。"

　　4个人说的时间都不一样，因为他们的手表都不准。一个慢25分
钟，一个快10分钟，一个快3分钟，一个慢12分钟。请问：准确的作案时
间到底是几点几分？

9 冤家夫妻

俗话说，不是冤家不聚头。有这么一对夫妻，他们已经35岁了。自从结婚的那天起，他们每天都要吵架一次，这个习惯从来没有改变过。但是，上个月他们只吵了28次，而上上个月他们只吵了15次，这可能吗？

10 城市天气预报

下面是济南、郑州、合肥、南京4个城市某日的天气预报。已知4个城市有3种天气情况，济南和合肥的天气相同。郑州和南京当天没有雨。你知道下面哪个推断是不正确的吗？

A.济南小雨　　　B.郑州多云

C.合肥晴　　　　D.南京晴

11 猜照片上的人

一天，亮亮在小飞家玩，小飞拿出一张旧相片，指着相片上的人说："我爸爸和我都既无兄弟也无姐妹，这个人的父亲是我爷爷的儿子，你猜猜看照片上的人是谁。"你知道相片上的人是谁吗？

12 可乐的价钱

阿聪和阿傻到公园去玩，他俩想买一瓶可乐喝，阿聪差1元，阿傻差1分。把他俩的钱合起来，钱还是不够。请问一瓶可乐多少钱？

13 谁是哥哥

　　有兄弟两人，哥哥上午说实话，下午说谎话；弟弟正好相反。有一个人问这兄弟两人："你们谁是哥哥？"较胖的说："我是哥哥。"较瘦的也说："我是哥哥。"那个人又问："现在几点了？"较胖的说："快到中午了。"较瘦的说："中午已经过去了。"

　　请问：现在是上午还是下午？谁是哥哥？

14 问号处的数字

　　运用逻辑推理，判断问号处应该填哪个数。

数学演算

1 钟

　　一个漂亮的挂钟挂在学校的大楼上。在一个大雨天，钟被飞来的树枝撞成了4块，老师在检查钟表时发现一件有趣的事，每块碎片上的数字相加之和都是19或者20。那么，你知道钟是如何断裂的吗？

脑筋急转弯

　　牛、猪和羊半夜去便利店买东西，结果牛和猪被店员打了出来，可为什么羊没挨打呢？

答案：这家店凌晨24小时营业，不打烊（羊）。

2 完成等式

下面两个等式是错误的，你要做的就是每个等式移动一根木棍使其成立，赶快动手吧！

I － III ＝ II

III － II ＝ IV

3 加一笔

请在下图中加一笔，使等式成立。

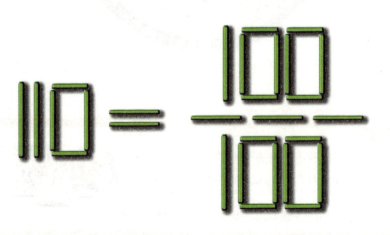

4 等式

在空格内填上合适的数字，使所有的等式成立。

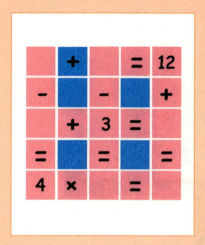

5 箭靶

丹尼尔和他的妹妹分别往靶子上射了3箭，得到了相同的分数，如果他们的分数相加为96分，那么，你知道他们的箭射到了哪些环上吗？

6 数字游戏

请在下面的方格里填上适当的数字，使每条线上的3个数相加后都等于7。在下面的圆圈里填上适当的数字，使每条线上的3个数相加后都等于9。

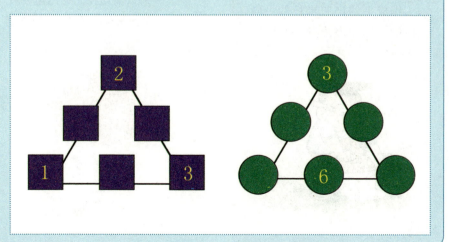

7 未知的数字

一天，老师在黑板上写出了3个等式：A+A=A×A；B×B=B÷B；C+C=C-C。老师让同学们猜猜A、B、C各是多少，你能猜出来吗？

A是＿＿＿＿＿

B是＿＿＿＿＿

C是＿＿＿＿＿

8 叔叔锯木头

叔叔要把一根90厘米长的木头锯成平均15厘米长的一段一段的，你知道他一共需要锯几次吗？

9 玫瑰花的价格

一束玫瑰15元，花比包装贵10元，玫瑰花及包装各多少钱？

10 图形代表的数字

请你根据等式写出每个图形所代表的数字。

⬤ + ⭐ = 16

19 − ◆ = 13

◆ + ⬤ = 10

⭐ =   ⬤ =

◆ =

11 加减运算

只使用加法和减法进行运算，使得下面6个数的计算结果等于18。

12 超市排队

超市里，小明在排队交钱，请你按照要求回答下面的问题。

（1）排在小明前面的有两个人，排在他后面的有4个人，问：哪一个是小明？把他圈出来。这一队共有多少人？请你列出算式，并写在相应的括号里。

（　　）+（　　）+（　　）=（　　）

（2）从前面数小明是第3个，从后面数小明是第5个，问：这一队共有多少人？请你列出算式，并写在相应的括号里。

（　　）+（　　）=（　　）

13 我现在几岁

当爸爸庆祝31岁生日的时候，我是8岁。现在我爸爸的年龄正好是我的年龄的2倍。那么我现在几岁？

31岁

我年龄的2倍

8岁

（　　）岁

14 小猴子抬西瓜

从300米远的地方往山上抬一个大西瓜，需要2只小猴子一起抬，现在由3只小猴子轮流抬。你知道每只小猴子抬西瓜平均走了多少米吗？

每只小猴子平均走了
___米。

15 花园里的蜜蜂

　　花园里来了一群蜜蜂，有1/5落在百合花上，1/3落在玫瑰花上，数目是这两者差的3倍的蜜蜂飞向了君子兰，最后剩下1只小蜜蜂在芳香的茉莉花和木兰花之间飞来飞去。共有几只蜜蜂呢？

16 所有的数

　　世界上所有的数相加，再乘以所有的数，积是多少？

17 纸的高度

一张薄薄的纸，它的厚度是0.01毫米。假设将纸对折，再对折，反复对折30次后，计算出此时纸的高度。

18 几岁了

小男孩年龄的末尾添上一个0就是他爷爷的年龄，他和爷爷的年龄加在一起是77岁。你知道小男孩几岁吗？

19 巧加运算符

老师在黑板上连续写了9个数字：1、2、3、4、5、6、7、8、9。你能在这些数字中间添上3个运算符号，使算式的结果等于100吗？

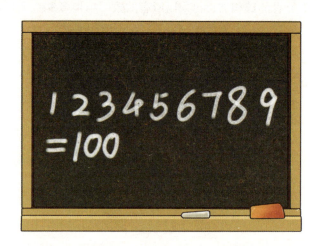

趣味文字

1 根据诗句填成语

下面给出了几句著名的诗句，其实它们都是成语谜语，仔细想一想，你能把它们都猜出来吗？

危楼高百尺

谁知盘中餐，粒粒皆辛苦

欲穷千里目，更上一层楼

读书破万卷，下笔如有神

千里江陵一日还

千山鸟飞绝，万径人踪灭

2 成语圆环

请在圆环的空格中填上适当的字，使圆环上的字按箭头所指方向组成成语，且上一个成语的最后一个字要和下一个成语的第一个字重合。

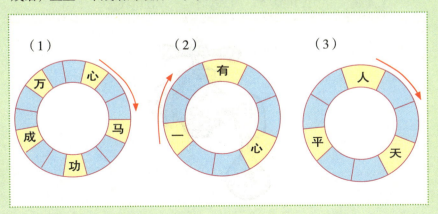

（1）

（2）

（3）

3 对应关系

如果窑对应陶瓷，那么下列哪项与其对应关系相同？

A.学校对应学生　　　B.烤箱对应面包

C.砖场对应砖　　　　D.整数对应自然数

4 哪一个类比最恰当

4个答案中哪一个是最好的类比？水对于龙头相当于电对于（　）。

A.光线　　　　B.开关　　　　C.电话　　　　D.电线

5 看图猜成语

A、B、C、D4幅图各包含一个成语，请你说出来。

6 看指南针猜成语

指南针四周有8个字，你能猜出4个成语来吗？

7 巧改对联

古时候，有个鱼肉百姓的大官。有一次，他为了炫耀自己，就在家门口贴了一副对联。有个书生趁晚上偷偷把对联改了几笔，但没有添字。第二天早上，大官开门一看，鼻子都气歪了。

你能猜出书生是怎么修改对联的吗？

脑筋急转弯

小星和小月驾驶的两辆车相撞了，为什么他们却哈哈大笑？

答案：他们在玩碰碰车。

8 开心魔鬼辞典

外表再漂亮，也掩饰不住内心的空虚。（　）
谁多给一点，就偏向谁。　　　　　　（　）
只要被人一吹，便飘飘然了。　　　　（　）
得势时趾高气扬，失意时威风扫地。　（　）
大红之日，便是大悲之时。　　　　　（　）
因居高临下，才口若悬河。　　　　　（　）
伶牙俐齿，却做离间之行为。　　　　（　）
没有华丽的外表，却有充实的大脑。　（　）
看似十分坦荡，却悄悄设了防。　　　（　）
可以回到起点，却已不是昨天。　　　（　）
思想稳定，东西再好不被诱惑。　　　（　）
能坐享其成，靠的就是那张"关系网"。（　）

A.虾　B.天平　C.瀑布　D.锯子

E.气球　F.玻璃　G.钟表　H.核桃

I.指南针　J.花瓶　K.树叶　L.蜘蛛

益智笑话

　　一天，我帮妹妹检查作业，见老师布置的作业其中一项是用"先……再……"造句。

　　例题是：回到家后我每天都是先洗手再吃饭。

　　妹妹是这样造句的：先生，再见！

9 "二"的妙用

语文老师上课时出了一道很特别的题目，要求大家将下面16个方格中的每个"二"字加上两笔，使其组成16个不同的字。你也试一试吧！

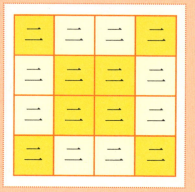

10 电报暗语

公安机关截获一份犯罪分子的密电。电文如下："吾合分昌盍旮垄聚鑫。"

你能破解这封密电吗？

11 姓甚名谁

清朝乾隆年间，某秀才上京赴试，在书院遇见一批文人在谈论诗文。大家问他姓名，他即作诗一首：

李白诗名传千古，
调齐律雅格尤高。
元明多少风骚客，
也为斯人尽折腰。

请问：你知道这个秀才姓甚名谁吗？

12 智拿水果篮

亮亮家楼下新开了一家水果店。开张第一天，老板在门口挂了一个圆盘，如图所示。

老板宣布，谁能填出中间那个字，组成8种水果，谁就能免费得到1个水果篮。亮亮开动小脑筋，拿到了水果篮。

你知道亮亮填的是什么字吗？

13 神奇的梳子

请小朋友根据例子说句子，再认真体会一下句子的意思。

例：妈妈的手像梳子，梳着我的头发。

_____像梳子，梳着河流的头发。

_____像梳子，梳着大地的头发。

_____像梳子，梳着柳叶的头发。

空间想象

1 手影

想象一下，下面5个手势会产生什么样的影子？试着做做吧！

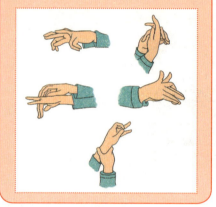

2 圆筒粘贴

下面的平面图形折叠粘贴后可形成哪一种图案呢？

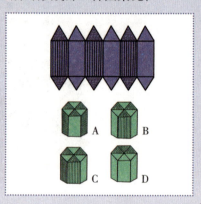

3 多少个箱子

在清点仓库货物时，工人数不明白下面的货堆有多少个箱子，你能帮他数出来吗？

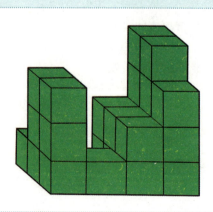

4 切圆柱

沿着虚线将圆柱体切开，圆柱体的切面是什么图形呢？请在下面的镜框中画出来吧！

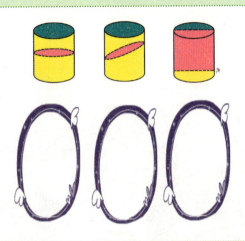

5 丽莎的房间

如果将丽莎房间的立体图改成平面图，会是什么样呢？请你圈出来。

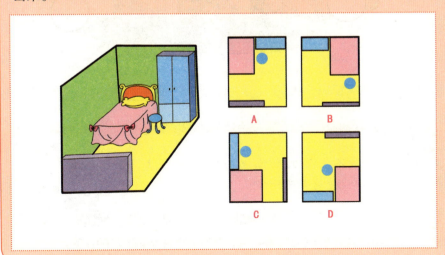

6 比远近

请按距离小狗家由远到近的顺序为其他小动物的家排序，并把序号写在"○"里。

小波不会轻功，但他一只脚踩在鸡蛋上，鸡蛋却不会破，这是为什么？

答案：他另一只脚站在地上。

7 神奇的图画

偶尔换一个角度看世界，你会发现另一片天空。下面是一组简单却很神奇的图画，你能说出它们到底是什么吗？

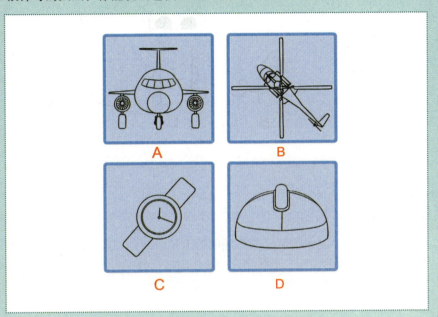

8 折立方体

如果把例图折叠为一个立方体，会形成什么样的图案呢？请你从A~E中选出正确的答案。

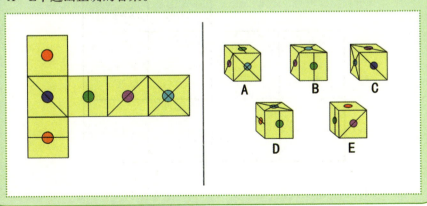

9 它们是什么

这是一组简单却很神奇的图画，你能想象出它们到底是什么吗？

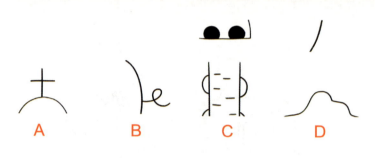

A B C D

10 分土地

国王要把一块如图所示的不规则的土地分封给4位功臣，要求每位功臣分得的土地的面积、形状完全一致，该怎么分呢？

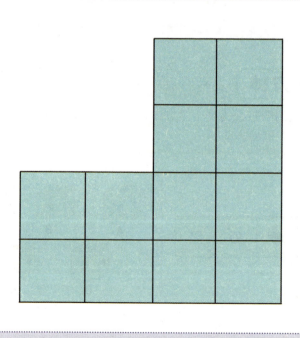

11 小老虎灌水

小老虎正在往洞里灌水，中间的水位已经到虚线的位置，请你将两边的水位画出来。

12 平房变楼房

你能不能不用任何绘画工具，将下图的一间平房变成2层高的楼房？

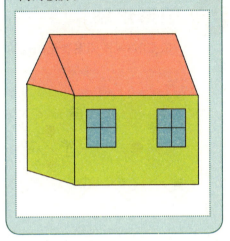

13 拼成长方形

想个办法把这块形状不规则的木板切成两块，然后把它们拼成一个3乘5的长方形，而且不需要翻面。

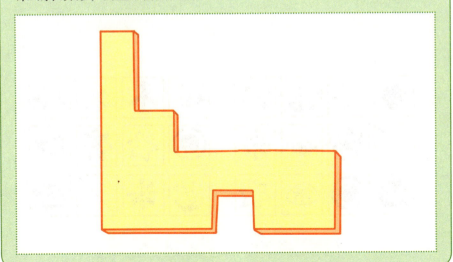

图形综合

1 图形识别

依据前3幅图图案变化的规律，你知道第4幅图的图案是怎样的吗？

2 图形再现

　　仔细观察左图10秒钟，然后用手盖住左图，并在右图中找出你刚刚看到过的图片。

3 涂格

仔细观察左图10秒钟，然后在左图中相应的方格内画上相同的图形和颜色。

 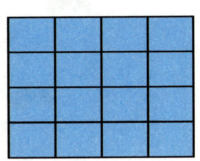

4 纸杯

将下图中残缺的纸杯剪开后是什么形状呢？

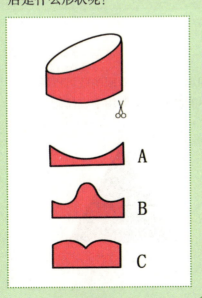

5 三角形与五角星

尝试用下面所给的6个直角三角形拼出一个五角星。你能做到吗？

6 小狗和骨头

请用3条直线将图中的小狗和骨头分开。

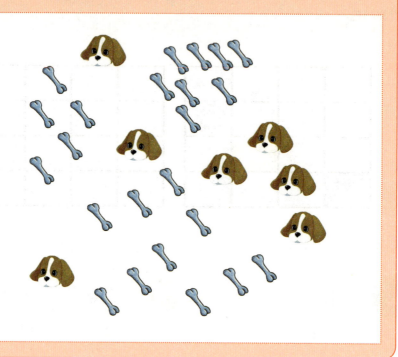

7 黑圆点不见了

这是世界上最简单的问题，这个问题只要用一双眼睛就可以解决。请让下图中的黑圆点消失，但黑三角不能消失。不要用手或任何工具遮住或者涂改掉黑圆点。

8 花朵

"？"处选择哪个图形？

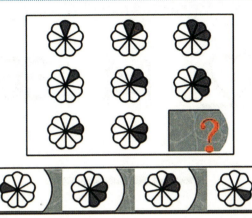

A　　B　　C　　D

9 路线

这个游戏要求通过连续的移动，从起点到达终点，移动时要按照每次分别移动1、2、3、4、5个格子的顺序，最后一步正好到达终点。

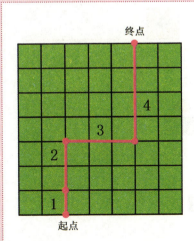

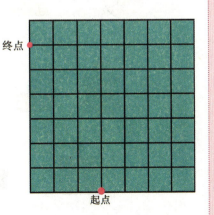

10 规律图

下列3幅图是按一定规律排列的，请找出规律并画出第4幅图。你能做到吗？

11 图形变化

观察前两个图形的变化后，想一想，如果第3个图形像第1个图形那样变化，那么请你在下面的5个答案里选择出一个适合的圈出来，并画在右边的横线上。

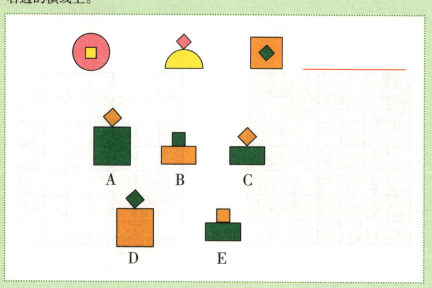

观察分析

1 找不同

下列4个图形中哪一个与其他3个对称方式不同?

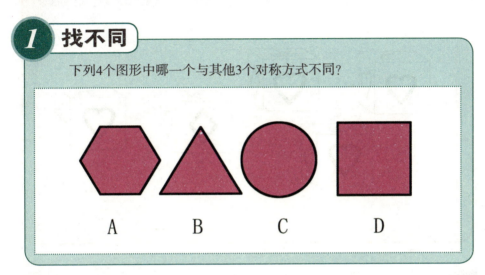

A B C D

2 不同的脸

找出"与众不同"的那张脸。

3 哪个错了

下面（A～E）是从5个不同的面所拍摄的小盒子的照片，其中有一张照片错了，试着找出来吧！

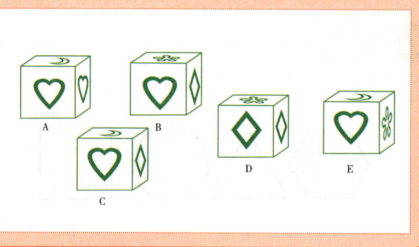

4 倒向哪边

看见树干上的缺口了吗？这棵树会倒向哪一边？

5 动物

找出排列规律，在图中空缺处填上相应的动物。

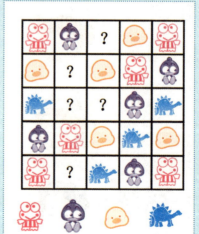

6 去伪存真

如图所示，有6张"9"的扑克，其中只有一张是正确的，另外的5张都是错误的。请仔细观察，在最短的时间内找出正确的图。

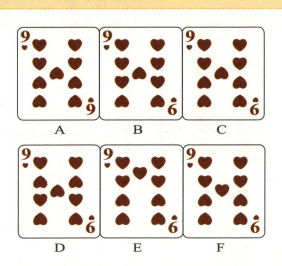

7 动物们坐船

小老鼠、长颈鹿、大象和小乌龟分别坐在4条船上，请你仔细观察下面的船，你知道它们分别坐在哪条船上吗？请你用线连一连。

8 甲组与乙组

A、B、C、D 4个选择图案中，哪些属于甲组，哪些属于乙组？

9 找小鱼

图中这条小鱼是由几个小图形组成的，你能在下图中将它找出来吗？（提示：可将小鱼涂上颜色，你只需涂上3个图形，就会发现。）。

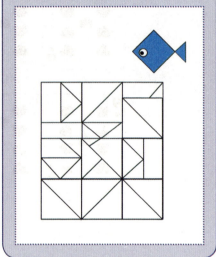

10 找到咖啡杯

左图是从上往下看咖啡杯看到的样子。那么，请你仔细观察并想象一下，与左图对应的咖啡杯是右图中的哪一个？

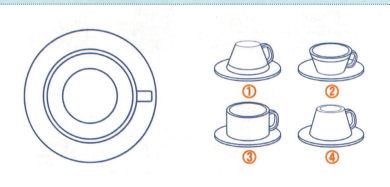

11 翻转后的钥匙

例图中钥匙沿直线翻转后得到（ ）。

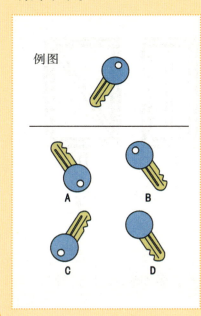

例图

A   B

C   D

12 工具平面图

这张图里有哪7件工具的平面图？

13 11点的太阳

下面两幅图，你能区别哪一幅是夏天哪一幅是冬天吗？

14 最牢固的门

看下面4扇木质门框，哪一扇门的结构最牢固呢？

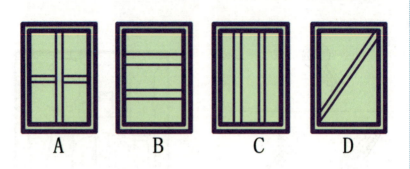

A   B   C   D

15 两个壶

下面两个壶的底面积和壶身长度都一样，那么哪个壶装的水多呢？

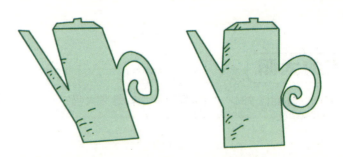

第三章

高级篇

逻辑推理

1 谁是冠军

　　A、B、C、D、E、F6人参加一场比赛，赛前甲、乙、丙3人猜测。甲：冠军不是A，就是B。乙：冠军是C或D。丙：D、E、F绝不可能是冠军。事后发现甲、乙、丙中只有一人猜对了，那么谁是冠军？

2 盒子上的话

　　在桌子上放着4个盒子。每个盒子上分别写了一句话。

A盒子上写着：所有的盒子里都有水果。

B盒子上写着：本盒子里有香蕉。

C盒子上写着：本盒子里没有梨。

D盒子上写着：有些盒子里没有水果。

如果这里只有一句话是真的，你能从哪个盒子里拿出什么水果来？

3 聪明的警察

　　甲、乙、丙三人在路上走，捡到一块手表，交给了警察，警察问他们谁最先发现了手表。

　　甲说："不是我，也不是乙。"

　　乙说："不是我，也不是丙。"

　　丙说："不是我，我也不知道是谁最先发现的。"

　　他们又告诉警察，他们每个人说的两句话中，都有半句真话，半句假话。聪明的警察很快就判断出手表是谁最先发现的了。

　　你知道是谁吗？

4 麦先生一家

麦先生和麦太太有7个女儿，每个女儿都有一个兄弟。那么这对夫妇有多少个孩子？

5 分香蕉

妈妈下班的时候买了香蕉，吃过晚饭后，她给大家分香蕉。如果分别给家中每人一根则还剩一根，如果每人分两根则还少两根，那么家中到底有几个人？妈妈买了几根香蕉？

6 小小冒险家

丁丁是个爱探险的小孩。有一次他和爸爸到非洲探险，在一个山洞里发现了两个箱子和一封信，信上说："这两个箱子只有一个装着珠宝，另一个装有致命的毒气。如果你够聪明，按照箱子上的提示就能找到开启的方法。"这时候，丁丁看到两个箱子上都刻着一些字，如图所示。

另一个箱子上的话是真的，珠宝在这个箱子里。

另一个箱子上的话是假的，珠宝在另一个箱子里。

丁丁觉得应该打开甲箱子，而丁丁的爸爸却觉得应该打开乙箱子。那么，到底应该打开哪个箱子才能安全地获得珠宝呢？

益智笑话

一年级语文课上，老师让同学们用"只有……还是……"造句。

一个小朋友造的句子是："人都只有一个屁股，而且还是两半的。"

7 谁的车子

李经理买了一辆新车。他带着3位同事去停车场看他的车子。停车场里有3辆新车，分别是A、B和C。李经理让同事猜哪一辆是他的新车。

小王说："肯定是A。"

小张说："不是B就是A。"

小宋说："应该是C。"

李经理笑着说："你们三个人至少有一个人说对了，也有一个人说错了。"你知道哪一辆车是李经理买的吗？

8 飞行员的谎话

　　约翰是一位非常富有的银行家，刚刚买了一架私人直升机。

　　这一天，他乘坐这架飞机去海边的别墅度假。飞机起飞一个小时后，突然飞回了机场。飞机驾驶员向警察报案，说约翰中途拉开舱门跳机自杀了，而且还在坐椅上留下了一封遗书。警察在飞机的坐椅上发现了这封遗书，上面写着："我已经厌倦了人生，想离开这个世界。"

　　但是，警察却把飞机驾驶员逮捕了，说是他谋杀了约翰。你知道为什么吗？

我已经厌倦了人生，想离开这个世界。

脑筋急转弯

　　潘潘买了10条金鱼放进鱼缸里，为什么10分钟后鱼全死了？

答案：鱼被淹死了。

9 硬币的重量

6枚外观完全一样的硬币，其中有5枚重8克，另外一枚重7.9克，你能用天平仅称2次，就找出那枚轻一点的硬币吗？

10 黑白袜子

抽屉里有黑白袜子各10只，如果你在黑暗中把手伸到抽屉里，最少要取出几只，才一定会有一双颜色相同的袜子呢？

11 牛、虎过河

3头牛和3只虎要渡到河对岸。渡口只有一条小船，每次只能运装两只动物过河，且不能空船回来。为了防止虎吃牛，在一边岸上及船上的牛的头数决不能少于虎的数量。至少要摆渡几次才能保证牛的安全？

12 某户人家

　　一户人家有A、B、C、D、E、F、G兄弟姐妹7人。只知道A有3个妹妹；B有1个哥哥；C是女孩，她有2个妹妹；D有2个弟弟；E有2个姐姐；F也是女孩，但她和G没有妹妹。请你说说：这7个人中哪几个是男孩？哪几个是女孩？

数学演算

1 填数

找出下图中数字的规律，在问号处填入正确的数字。

2 第4个正方形

根据每个图形中数字出现的规律，图中第4个图形中间的问号处应该是什么数字？

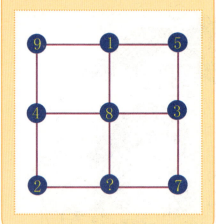
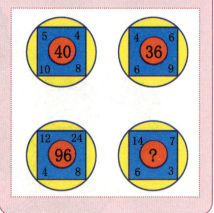

3 数字填空

找到下图中数字间的规律，在空白格中填上正确的序号。

2	5	7	17
3	9	6	33
5	4	9	29
7	4	2	

A. 26   B. 30

C. 6   D. 22

E. 56   F. 13

4 图案与数字

下图中每一个图案代表一个数字，你能推算出每个图案所代表的数字吗？

5 一个也不剩

这里有6个袋子和25个一元硬币，你能在每个袋子里都装进奇数个硬币，使硬币一个也不剩下吗？

6 买狗

有几个人合买一只狗,每人出5元,还差90元;每人出50元,刚好够了。你知道有多少人吗?狗的价钱又是多少呢?

7 算算乌龟的年龄

用乌龟5年后的岁数的5倍,减去5年前岁数的5倍,刚好等于它现在的岁数。这只乌龟今年究竟多大呢?

8 一束莲花

有一束莲花，把这束莲花的1/3、1/4、1/5、1/6分别献给4个人，剩下的6枝献给一位老人。这束莲花共有多少枝？

9 小狮子和小老虎赛跑

小狮子与小老虎赛跑，各跑100米后再次回到出发点。小狮子跳一次为3米，小老虎跳一次为2米。小狮子每跳两次，小老虎就跳三次。它们谁先回到出发点？

10 安徒生童话

兰兰看一本《安徒生童话全集》，翻到今天要看的页码，发现左右两页的页码数的和为193。请问：兰兰打开的是书的哪两页？

11 父子的年龄

有一对父子在交谈。22岁的儿子问父亲："爸爸，你现在多少岁？"父亲回答说："爸爸岁数的一半再加上你的岁数，就是爸爸的岁数。"儿子陷入了沉思。请问这位父亲现在多少岁？

12 冰和水

冰融化成水后，它的体积减少1/12，那么当水再结成冰后，它的体积会增加多少呢？

体积减少 1/12

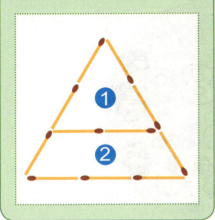

13 面积大小

用2根火柴将9根火柴所组成的正三角形分为两部分，①和②两个图形哪一个面积更大？

14 缺少数字

仔细看下图，请补充出问号处所缺的数字。

15 移数字

请移动下面等式中的数字（只能是数字，但不能将数字对调，也不能移动符号），使等式成立。

$$101-102=1$$

益智笑话

语文老师让我们用"不是……而是……"造句。当时我正在发呆，老师突然叫我起来回答，我看到前桌坐的小强，灵机一动，说："小强不是女的，而是男的。"全班狂笑。

16 趣味算术

　　有一个奇怪的三位数，减去7后正好被7整除，减去8后正好被8整除，减去9后正好被9整除。你知道这个三位数是多少吗？

17 分苹果

　　把7个苹果分给3个小朋友。不要求每个小朋友分得的苹果一样多，但是分得的苹果个数要是双数。想一想，能分吗？

趣味文字

1 猜谜

据说古代有个诗人从小就聪明过人，有一年冬天，大雪纷飞，教书先生顺口念了一首诗让他猜谜底："此花自古无人栽，每到隆冬它会开。无根无叶真奇怪，春风一吹回天外。"他听完眨了眨眼睛说："先生，我也有一首诗，谜底和你的一样。"说完他就大声地念了出来："只织白布不织纱，铺天盖地压庄稼。鸡在上面画竹叶，狗在上面印梅花。"先生听完哈哈大笑，直夸他聪明。亲爱的小读者，你能猜出谜底吗？

谜底：＿＿＿

2 无字的书信

有个年轻人很有才气，被老师推荐给一位镇守边疆的将军做军师。临行前，老师给了年轻人一封信，让他拜见将军时递上。年轻人找到将军后递交了信。将军一看信上画着两个月亮，就立即给年轻人安排了差事。你知道老师的这封信是什么意思吗？

3 创意字谜

下面是一个非常有趣的字谜，你能猜出答案来吗？

去上面是字，

去下面是字。

去中间是字，

去上下是字。

谜底：＿＿＿

4 数学和汉字的关系

以下各个谜语都打一汉字，你能猜出来吗？

A. 30天÷2

B. 72小时

C. 24小时

D. 左边九加九，右边九十九

谜底：A._____

B._____

C._____

D._____

5 巧添汉字

"一、二、三、五、七、千"，请你在这几个汉字的基础上各添上同一个字，使之成为另外6个字。

6 **"人"字加笔画组字**

你能在16个"人"字上分别添上两个笔画，使它们变成另外16个字吗？

7 **进"门"填字**

以下讲的是在"门"字中加字组成新字的故事，这样的字还有很多，试着填一填吧！

"才"字进门（　　　）双眼，"活"字进门摆（　　　）气；

"口"字进门（　　　）声好，"日"字进门站中（　　　）；

"市"字进门看热（　　　），"一"字进门把门（　　　）；

"马"字进门别乱（　　　），"虫"字进门去（　　　）南；

"王"字进门是（　　　）年，"圭"字进门是（　　　）房；

"耳"字进门听新（　　　），"兑"字进门（　　　）报刊。

8 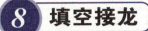 填空接龙

请你在空格里填入正确的字，组成接龙的一组成语。

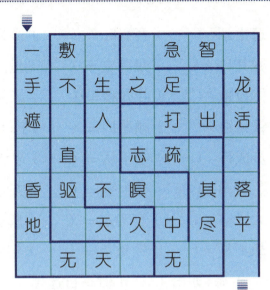

9  接龙方阵

请你将下面五词接龙方阵的龙眼补齐。

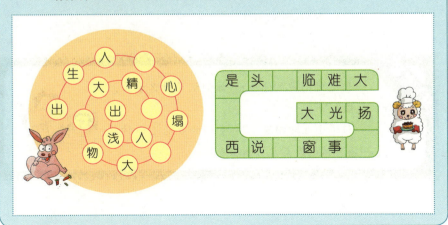

107

10 有趣的成语"加减乘除"法

在括号里面填上数字，使它们变成完整的成语，并且使等式成立。

（ ）窍生烟 - （ ）畜兴旺 = （ ）潭死水

（ ）缄其口 × （ ）足鼎立 = （ ）世之仇

（ ）体投地 + （ ）叶知秋 = （ ）亲无靠

（ ）针见血 + （ ）顾茅庐 = （ ）海升平

（ ）步成诗 - （ ）亲不认 = （ ）事无成

（ ）生有幸 + （ ）谷丰登 = （ ）方呼应

（ ）大皆空 × （ ）言为定 = （ ）脚朝天

（ ）劫不复 ÷ （ ）钧重负 = （ ）年寒窗

名扬（ ）海 + 如出（ ）辙 = 目迷（ ）色

（ ）牛（ ）毛 + （ ）言（ ）鼎 =

（ ）全（ ）美

益智笑话

一位老师问他的学生："你们认为什么最长，什么最短？"

一位学生立即回答："一堂课的最后几分钟最长，一场考试的最后几分钟最短。"

空间想象

1 拼风车

请你将下面的6个三角形拼成一个风车。

2 巧拼正方形

你能将下图剪成3份，再组合成一个正方形吗?

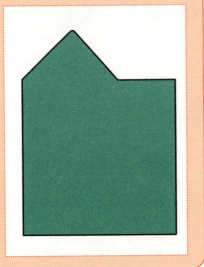

3 数一数

图中有多少个三角形和正方形呢? 请把数字写在横线上。

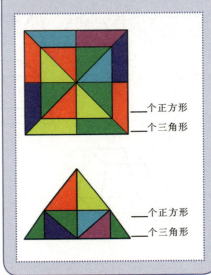

＿个正方形

＿个三角形

＿个正方形

＿个三角形

4 组成正方形

哪两组图形可以组成完整的正方形呢？请你用线连一连。

5 找一找

下面的图形哪个不能折成正方体？请把它圈出来。

6 各有几个面

下面的图各有几个面？请把数字写在括号里。

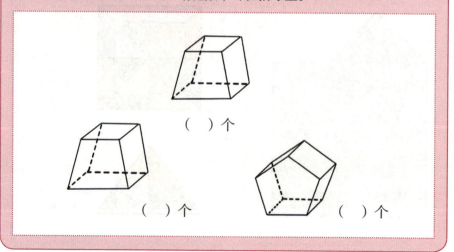

（　）个

（　）个

（　）个

7 神奇的图画

偶尔换一个角度看世界，你会发现另一片天空。下面是一组简单却很神奇的图画，你能猜出它们分别是什么吗？

8 六分月牙

画两条直线可以把下面的月牙图形分为6个部分。你来试试看吧！

9 拼成正方形

将以下的两个图形分别剪开，怎样才能拼出正方形？

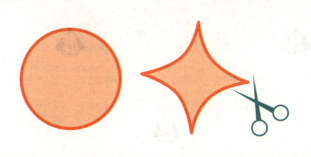

10 找配对

下面的图中只有1支箭尾和箭头是配对的，请你找出来。

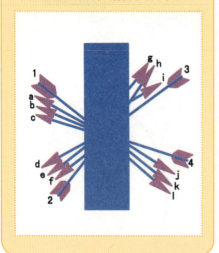

11 连星星

下面4颗摆放很不规则的星星，你能用一个正方形将它们连在一起吗？

12 狗的足迹

有4条狗，分别在A、B、C、D4个位置上。这4条狗分别跑到了E、F、G、H4个点上，但它们的足迹没有交叉，你能画出这4条狗的足迹吗？

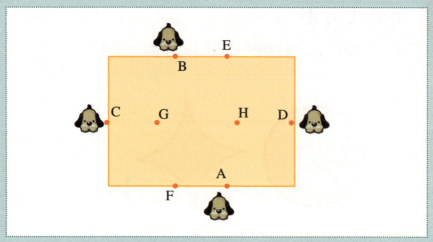

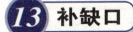

补缺口

请你仔细观察积木的缺口形状，如图，在A～F的小积木中哪一块正好能嵌入积木？

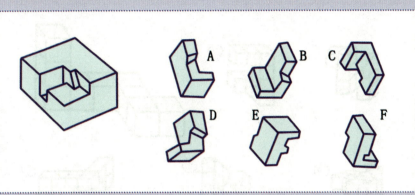

对应图形

如果图形1对应图形2，那么图形3对应哪一个图？

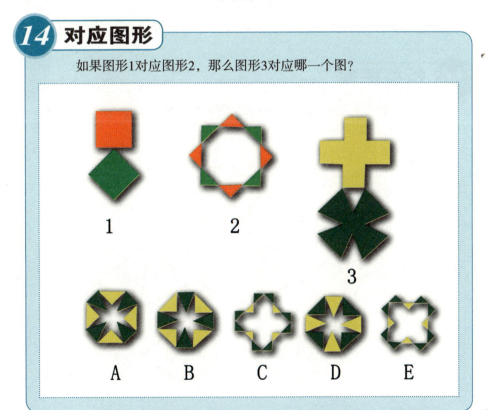

15 相同的立方体

右边的图形和另外5个图形中的哪一个相同?

16 折叠图案

将下图纸片折起之后，物体表面的图案将是什么样的？在下面5个选项中找出正解的答案。

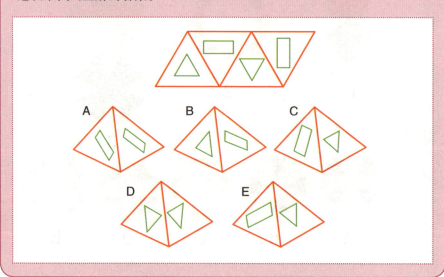

图形综合

1 金字塔

下图是一个由蓝圈和绿圈组成的倒金字塔，下层圆圈的颜色是由上层圆圈决定的，你知道问号处分别是哪种颜色的圆圈吗？

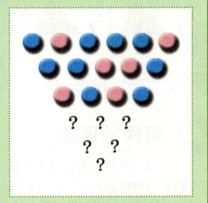

2 随意的图形

下图中所给出的6个图形都是由圆、三角形或正方形构成的，试着找出规律并接着画出问号处的3个图形。

3 找不同

仔细观察，找出规律。在以下4幅图中，哪幅图与其他3幅图不同？

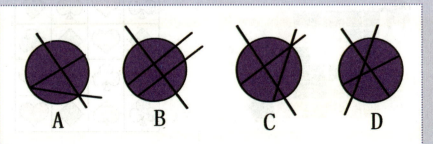

4 恰当的数

根据规律，你知道图中问号处应该填上什么数字吗？请选择正确的序号。

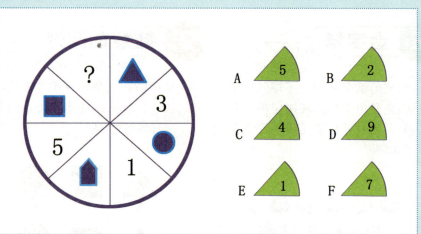

5 分土地

小黄牛和小花牛要耕种一块地，要求每种颜色的土地各耕一半。请你画一条线，把它们要耕的地分开。

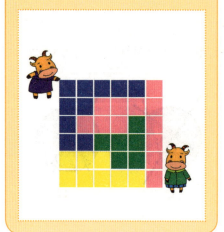

6 相同的图案

请用线将下图分割成形状相同的四部分，每一部分中都要包括例图中的4种图案，快来画一画吧！

7 看积木

图中的积木从3个不同的方向看，会看到什么形状？请找出来。

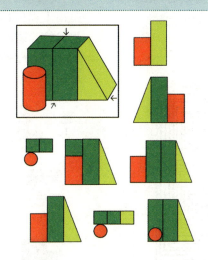

8 圆圈城的规则

　　这是圆圈城的地图，城里所有的路都是圆圈形的，城中的交通规则是：不能掉头，也不允许急转弯（图1）；只能走平缓路线（图2）。那么该如何从甲处通到乙处呢？

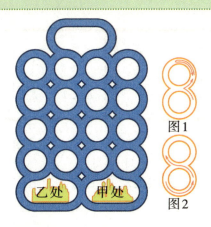

9 谁能到达

甲、乙、丙3人分别沿3条路出发，谁能最终到达目的地呢？

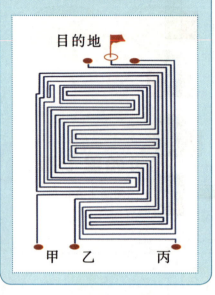

10 图形组成

A、B、C、D4个图形分别是由上面的1~4中某几个图形组成的，请你说出A、B、C、D4个图形分别是由哪几个图形组成的。

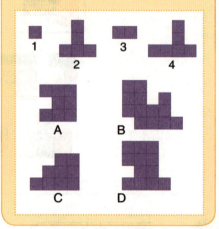

11 推图

仔细观察下面第一组图，根据规律补充第二组的图形，在正解的序号上画√。

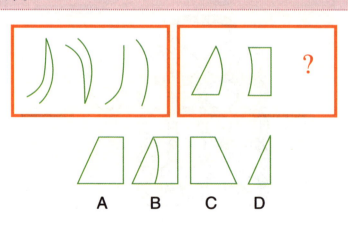

118

12 填入图形

根据规律推断出问号部分应当填入什么图形。

13 不需要的图形

正确组合可以将以下碎片组成一个正方形，但是其中有两块是不需要的，你能找出是哪两块吗?

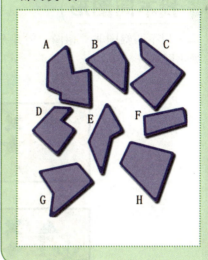

14 变脸

图中左边7个图的变化有一定的规律。右边的A、B、C3个图中，哪一个是符合这一规律的第8个图?

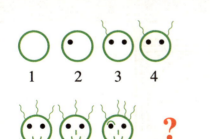

A

B

C

观察分析

1 找不同图形

以下两幅图非常相像，但并不是完全相同，你能找出这两幅图的10处不同吗?

2 找错误

下图中有一个错误，请找出来。

3 找不同

下面两幅图有9处不同，请试着找出来。

4 找相同图形

仔细观察下面的图，数一数图中有多少个相同的图形。

5 犯错的小熊

下面两幅图有6处不同，请试着找出来。

6 特别的画面

仔细观察下图，能看到一个特别的画面。你发现了吗?

7 画中画

这幅画可不是普通的画，仔细观察此图，从不同的角度看，你都发现了什么?

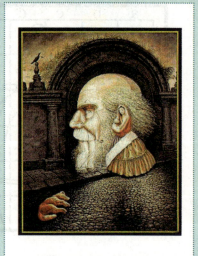

8 小蚂蚁搬家

下面两幅图有8处不同，请试着找出来。

9 看图找不同

下面两幅图有6处不同，请试着找出来。

10 不同形状的图形

不考虑大小，你能数出下面的图形中共有多少种不同形状的图形吗？

11 少了的字母

这里原本有26个字母，但事实上少了一个，你能看出少了哪一个字母吗？

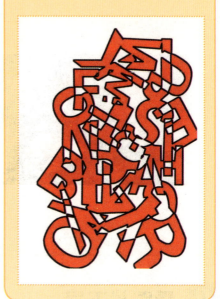

12 不合规律的图

你能找出不符合排列规律的图形吗？

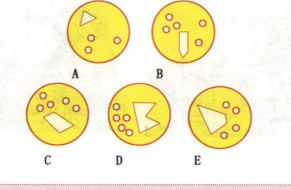

13 不同的图

下面哪一幅图的排列规律不同于其他4幅？

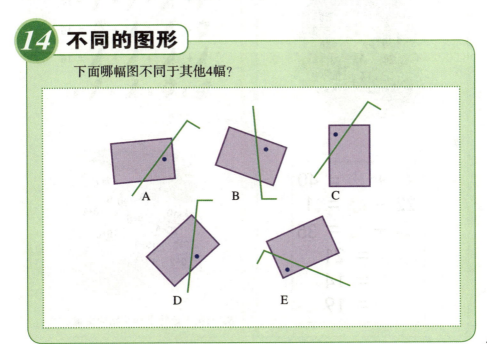

14 不同的图形

下面哪幅图不同于其他4幅？

参考答案

数学能力

1. 小熊的密码是：333

小猴的密码是：234

2.

		3		
	4	3	4	
1	2	0	2	1

3.

4.

☀ + ☽ = 40

22 − ☀ = 1

☀ + ☆ = 35

☀ = 21

☆ = 14

☽ = 19

5.

		14		
	8		6	
5		3		3

16	1	2		8	11	12
17		3		19	23	
20				42		

6.

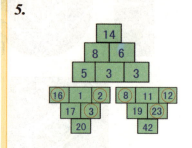

🫛 + 🍆 + 🥕 + 🌶 = 18

🥕 + 🫛 + 🥕 + 🌶 = 13

🍫 + 🌶 + 🫛 + 🍫 = 19

🫛 + 🫛 + 🫛 + 🥕 = 16

5	6	4	3

7.

7+7

5+9   20−5

6+10   9+6   10+5

20−4   16+6

9+3   19−3

3+2   17−1

8. 一头大象等于14头猪的重量。

第一章 初级篇

9.

| 20元 | 9元 | 12元 | 15元 | 8元 | 13元 |

10. 可能。由两天前到今天就增加了1岁，今年还要增加1岁，可以判断，今天是1月1日，老人的生日应该是12月31日。

11.

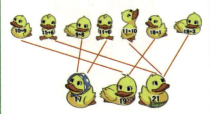

12.

第一章 初级篇

13.

14.

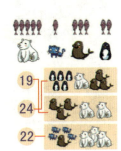

15.

20

16.

$$3 + 2 = 5$$
$$6 + 4 = 10$$
$$8 + 1 = 9$$

语言能力

1. 凶猛的老虎、胆小的老鼠、顽皮的猴子、美丽的孔雀、懒惰的小猪。

2. 第一行：饭、机
第二行：水、冰

第一章　初级篇

第一章　初级篇

3.

4. 略。

5.

6.

7. 略。

8. 略。

9. 一心一意　三心二意

10. 大海是我们的家。

11.

12.

观察注意力

1.

2. 都选择中间的太阳。

3.

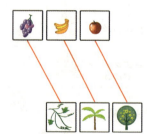

4. 3、1、2

5. 右边的小朋友先到达。

6. 戴帽子的小朋友最重。

第一章 初级篇

第一章 初级篇

7.

8.

9.

A

B

C

D

10.

11.

12.

13. C。

14.

15. 7。

16. C

17.

18.

记忆力

1.

2.

3. 略。

4. 略。

5.

6.

7.

①
②
③

8. 略。

9.

10.

11.

12.

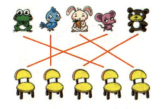

13. 略。

空间想象力

1.

2.

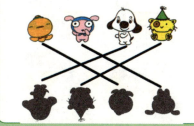

3.

4.

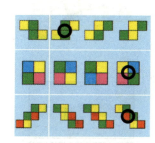

5.

6. 略。

7.

 书

 贺卡

文具盒

131

8. 水。

9.

10. 略。

11.

12.

13.

图形辨别能力

1.

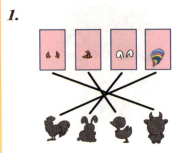

2.

3.

4.

第一章 初级篇

第一章 初级篇

5.

6.

7.

8.

9.

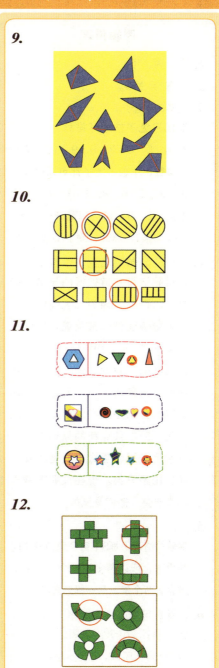

10.

11.

12.

逻辑推理

1. 乙、丙、甲、丁。

2. 只有1朵兰花。

3. 是第8只兔子。

把10只兔子按顺序排列为1、2、3、4、5、6、7、8、9、10。第一次报数，单数的兔子都可以离开；剩下2、4、6、8、10这5只。再次报数，2、6、10可以离开，剩下4和8。4报1，离开，剩下8被吃。

4. 彼得的兄弟叫瑞克且没有胡子，由排除法可知道彼得的兄弟可能是乙、丙；又因为乙说他的兄弟没戴眼镜而彼得戴眼镜，所以彼得和丙是兄弟，丙叫瑞克。

因为其他人都有名字，所以莱克斯的兄弟只能在甲、乙之中；因为甲的兄弟是红头发而莱克斯是光头，所以莱克斯的兄弟是乙，名字是伊恩，那么甲就是约翰，和艾伦是兄弟。现在只剩下戴夫和弗瑞德，他们是兄弟。

5. 4个。

最差的情况下抓3个每个颜色都不同的果冻，所以再多抓一个，里面一定会有两个果冻是一样颜色的。

6. 由题意可知，身高顺序：小赵>小钱，小孙>小李，小周>小李，小钱=小周。所以，小赵>小钱=小周

>小李，则小赵比小李高，选D。

7. A躺在床上，B在看书，C在写信，D在修指甲。

由（1）、（2）、（4）可知，D在修指甲；由（3）得，A躺在床上；现在就剩下B和C在看书和写信，因为（4），C应该是在写信，B就是在看书。

8. 12点05分。

将最慢的表（时间最早的）加上慢的最多的，即11点40分加上25分钟就是12点05分，那么12点08分的快了3分钟，12点15分的快了10分钟，11点53分的慢了12分钟。

9. 上个月是2月，只有28天，他们在上上个月，即1月17日结的婚。

10. 由题干得知，4个城市有3种天气情况，济南与合肥的天气相同，郑州和南京当天没有雨，那么就得知只有郑州和南京两个城市的天气情况不一样，才有3种天气情况存在。

郑州和南京的天气没有雨并且两个城市的天气情况还不一样，那么就说明它们中的一个城市是晴天，另一个城市是多云。

最后就得知济南和合肥的天气是有雨。所以最后只有C不正确。

这道题还可以用简单的排除方法，首先已知济南和合肥的天气

情况一样，就可以知道答案A或者答案C中有一个是不正确的。

又已知4个城市有3种天气，而答案B与答案D的天气一个是多云一个是晴，那么显然答案C是不正确的了。

11. 相片上的人是小飞自己。

12. 一瓶可乐1块钱。显然，阿聪没钱，阿傻有9角9分。

13. 现在是上午，胖的是哥哥。

假设现在是上午，那么哥哥说实话，因为较胖的说了实话，所以较胖的是哥哥；较瘦的是弟弟，说了谎话，没有矛盾。

假设现在是下午，弟弟要说真话，两个人都说自己是哥哥，显然弟弟说谎，所以矛盾。

14. 应该填4，每个六边形中下面的数都等于上面的数的平方数分别减去1、2、3、4、5。

数学演算

1.

2.

$$I = III - II$$
$$III + I = IV$$

3.

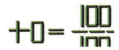

4.

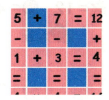

5. 他们得分如下：2支箭射中了25环，2支箭射中了20环，2支箭射中了3环。

6. 提示：先加每条线上有2个数字的，在没有2个数字的情况下要先从1开始排。

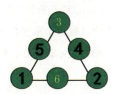

7. A是2或0；B是1；C是0。

8. 锯5次。

因为90除以15等于6，这根90厘米长的木头，可以分成6段15厘米长的短木头段，所以锯5次即可。

9. 假设玫瑰花的价格为x。则x−

（15−x）=10，x=12.5。所以，花12.5元，包装2.5元。如果不列方程式，人们往往拘泥于整数猜想。

10.

☆=12 ●=4
◆=6

11. 81−4+9−7−66+5=18。

12. （1）图上左数第3个是小明。2+4+1=7 （2）3+4=7（这样想：小明前面有两个人，就用2表示；排在他后面的有4个人，就用4表示；别忘了还有小明。）

13. 23岁。
因为年龄的差距总是23岁，那么只有当我是"23"岁的时候，"我"爸爸的年龄才能是"我年"龄的2倍。

14. 2只小猴子抬着走300米，共要走300×2=600（米）。3只小猴子轮流抬，每只小猴子抬西瓜平均走了300×2÷3=200（米）。

15. 15。

16. 乘积为0。
因为所有的数中包括0，而无论前面的数相加等于多少，0乘任何数都是0。

17. 对折30次就是30个2相乘，结果是1 073 741 824，再用1 073 741 824和0.01毫米相

乘，得出10 737 418.24毫米，也就是10 737.418 24米，比珠穆朗玛峰的海拔高度还高。

18. 小男孩年龄的末尾添上一个0就是他爷爷的年龄，说明爷爷的年龄是小男孩年龄的10倍，把小男孩的年龄看成1份，爷爷的年龄就是这样的10份，小男孩的年龄和爷爷的年龄一共11份，也就是77岁，所以，小男孩的年龄是：77÷（1+10）=7（岁），爷爷的年龄就是7×10=70（岁）。

19. 123−45−67+89=100。

趣味文字

1.

千山鸟飞绝，万径人踪灭——销声匿迹
千里江陵一日还——一日千里
读书破万卷，下笔如有神——博闻强志
欲穷千里目，更上一层楼——登高望远
谁知盘中餐，粒粒皆辛苦——来之不易
危楼高百尺——高耸入云

2. （1）心猿意马、马到成功、功败垂成、成千上万、万众一心。
（2）一无所有、有口无心、心口如一。
（3）人定胜天、天下太平、平易近人

3. B。
窑是制造陶瓷的地方。A和D显然

第二章　中级篇

错误，C中砖场是码砖的地方，而不是制造砖的地方。

4. B。
　　龙头控制水的流止，开关控制电的流止。

5. A.只手遮天　　　B.一刀两断
　　C.无中生有　　　D.比翼双飞

6. 南腔北调　　南辕北辙
　　东涂西抹　　东拼西凑

7. 父进土，子进土，父子皆进土；婆失夫，媳失夫，婆媳皆失夫。

8.

外表再漂亮，也掩饰不住内心的空虚。　（ J ）
谁多给一点，就偏向谁。　　　　　　　（ B ）
只要被人一吹，便飘飘然了。　　　　　（ E ）
得势时趾高气扬，失意时威风扫地。　　（ K ）
大红之日，便是大悲之时。　　　　　　（ A ）
因居高临下，才口若悬河。　　　　　　（ C ）
伶牙俐齿，却做离间之行为。　　　　　（ D ）
没有华丽的外表，却有充实的大脑。　　（ H ）
看似十分坦荡，却悄悄设了防。　　　　（ F ）
可以回到起点，却已不是昨天。　　　　（ G ）
思想稳定，东西再好不被诱惑。　　　　（ I ）
能坐享其成，靠的就是那张"关系网"。（ L ）

A.虾　　B.天平　C.瀑布　D.锯子
E.气球　F.玻璃　G.钟表　H.核桃
I.指南针　J.花瓶　K.树叶　L.蜘蛛

9. 略。

10. 电文每字上半部分：五人八日去九龙取金。

11. 藏头诗：李调元。

12. 填的是"木"字。

---

13. 船桨像梳子，梳着河流的头发。
　　太阳像梳子，梳着大地的头发。
　　微风像梳子，梳着柳叶的头发。

空间想象

1. 乌龟，兔，大象，狗，鸭子。

2. B。

3. 25个

4.

5. A。

6.

7. A是从正面看的客机，B是从上往下看的直升机，C是从上往下看的手表，D是从正面看的鼠标。

8. A。

9. A是一个正在祈祷的女人，B是猪尾巴，C是爬树的熊，D是一条吞下跳羚的蛇。（仅供参考）

10.

11.

12. 将书顺时针旋转90°看看。

13.

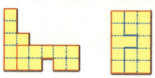

图形综合

1.

2. 略。

3. 略。

4. A。

5.

6.

7. 将右眼闭上，用左眼注视黑三角。

8. B。

9. 5步到达终点。

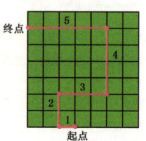

第二章　中级篇

10. 前3个图分别是由2、4、6的正反方向相接而成，所以第4幅图该由两个8拼成，即88。

11.

观察分析

1. B。
其他3个既是左右对称也是中心对称图形；而B只是左右对称，而不是中心对称。

2. 只有这一张脸没有笑容。

3. E

4. 左边。

5. 从左下角开始沿着逆时针方向旋转，4个动物出现的顺序相同。

6. F。

7.

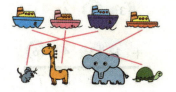

第二章　中级篇

8. B属于甲组，A、C、D属于乙组。甲组的图形都是由连贯的线构成，乙组的图形是由两条及以上不连贯的线构成。

9.

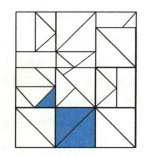

10.

11. A。

12. 工具有锯子、铁锤、镰刀、手电筒、显微镜、刀、喇叭。

13. 左图是夏天。因为夏天11点钟的太阳处于屋顶上方，照射进屋的光线形成的面积小。右图是冬天。

14. D。

15. 右边的壶装水多。

第三章　高级篇

逻辑推理

1. D。（假设A是冠军，则甲、丙猜测正确，不符合题意，排除；假设B是冠军，同理亦排除；假设C是冠军，则乙、丙猜测正确，不符合题意，排除；假设D是冠军，则只有乙猜测正确，符合题意）

2. 从C盒子里拿出梨。（A盒子上的话和D盒子是矛盾的，所以二者必有一真。那么B盒子和C盒子上的话都是假的，所以可以知道C盒子里有梨）

3. 手表是乙最先发现的。（因为他们都在场，所以丙说他不知道谁先发现的，是假的，即丙说"不是我"是真的。那么乙说的"也不是丙"是真的，则乙说的"不是我"就是假的）

4. 8个孩子。

5. 家中有3个人，妈妈买了4根香蕉。

6. 应打开乙箱子。（甲箱子上的话一定是假的，如果甲箱子上的话是真的，那么乙箱子的话也是真的，这是互相矛盾的。）

7. A。

8. 如果约翰是自杀的，拉开飞机舱门的时候，放在坐椅上的遗书会被风刮出舱外。显然，飞机驾驶员在撒谎。

9. 先两端各放3枚硬币，轻的一端含有轻的硬币。再取轻的一端中的

第三章　高级篇

三枚硬币中的两枚，置于天平两端。如果天平不平衡，那么轻的一端放的就是那枚轻的硬币；如果天平平衡，那么未放入天平的那枚就是轻的硬币。

10. 3只。（暗中拿两只袜子，可能是一黑一白。拿三只袜子，第三只非黑即白，这样就可以保证最少有两只袜子颜色相同了）

11. 需要6次。（一虎一牛过河，一牛返回；两虎过河，一虎返回；两牛过河，一牛一虎返回；两牛过河，一虎返回；两虎过河，一虎返；两虎过河。）

12. A、B、E、G是男孩，C、D、F是女孩。

数学演算

1. 6。（横向或是纵向数字之和都是15）

2. 42。（对角数字的乘积都是中间那个数字。）

3. B。（前两个数字相乘，再加上第3个数字等于第4个数字。）

4.

第三章 高级篇

5. 在5个袋子里分别放入5个硬币，再把这5个袋子一起放进第6个袋子里，这样每个袋子里的硬币个数就都是奇数，而且正好分完。

6. 2人，100元。每人出5元不够，改成每人出50元，增加的钱数是50−5=45（元）。每人多拿出45元，刚好补足了不够的钱数90元，所以一共有90÷45=2（人），狗的价钱是50+50=100（元）。

7. 50岁。把乌龟5年前的岁数看作单位"1"，则现在为6，5年后为11。由题意知，乌龟今年的岁数是11×5−1×5=50（岁）。

8. 120枝。6÷（1−$\frac{1}{3}$−$\frac{1}{4}$−$\frac{1}{5}$−$\frac{1}{6}$）=120。

9. 小老虎先回到出发点。（小老虎跑完100米正好用了50跳，全程往返共用100跳。小狮子跳了33次，跑了99米，最后1米又要跳一次，往返总共跳了68次，等于小老虎跳102次。因此，当小狮子跳第67次时，小老虎已先回到了出发点）

10. 第96页和第97页。

11. 44岁。（如果注意到这位父亲年龄的一半和儿子的年龄相等，就会很容易得出父亲年龄是儿子年龄的2倍这一结论）

12. 1/11。（假设现在有12毫升的

第三章 高级篇

冰，当冰融化后，变成水，体积减少1/12，也就是只剩下11毫升的水。当这11毫升的水再结成冰时，则又会变成12毫升的冰，对于水而言，正好增加了1/11。）

13. ②的面积更大。（先多用几根火柴棒把图形细分成小三角形。可以看到，图形①中有4个小三角形，而在图形②中却有5个小三角形）

14 6。最后一行是上两行的平均数。

15. 将102改为10的2次方。

16. 504。（也许刚刚看见这道题会觉得很混乱，不知道如何解，慢慢想一想，结合题意来看，你会发现，其实这只是一道简单的乘法题。因为这个三位数既能被7整除，又能被8整除，又能被9整除，说明它同时是7、8、9的整倍数。所以，7×8×9=504）

17. 不能，因为题目中要求3个小朋友每人分得的苹果个数是双数，那么，双数+双数+双数，总数必须是双数，而7是单数，所以不能分。

趣味文字

1. 雪。

2. 两月并连暗指"用"。老师是告诉将军这个年轻人可以用。

3. 章。

4. A. 胖 B. 晶 C. 日 D. 柏。

5. 各添一个"口"字，分别是"日""旦""亘""吾""电""舌"6个字。

6. 天、夫、从、火、介、太、犬、仑、欠、认、木、以、今、仓、仄、久。

7. 闭、阔、问、间、闹、闩、闯、闽、闰、闺、闻、阅。

8. 一手遮（天）昏地（暗）无天（日）久天（长）驱直（入）不敷（出）生入（死）不瞑（目）中无（人）尽其（才）疏志（大）打出（手）足之（情）急智（生）龙活（虎）落平（阳）

9. 出生入（死）心塌（地）大物（博）大精（深）入浅出
大难临（头）头是（道）西说（东）窗事（发）扬光大

10. （七）窍生烟－（六）畜兴旺＝（一）潭死水
（三）缄其口×（三）足鼎立＝（九）世之仇
（五）体投地＋（一）叶知秋＝（六）亲无靠
（一）针见血＋（三）顾茅庐＝（四）海升平
（七）步成诗－（六）亲不认＝（一）事无成
（三）生有幸＋（五）谷丰登＝（八）方呼应
（四）大皆空×（一）言为定＝

（四）脚朝天
（万）劫不复÷（千）钧重负＝（十）年寒窗
名扬（四）海＋如出（一）辙＝目迷（五）色
（九）牛（一）毛＋（一）言＝
（九）鼎＝（十）全（十）美

空间想象

1.

2.

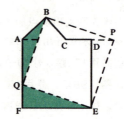

3.

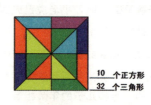

10	个正方形
32	个三角形

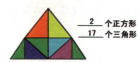

2	个正方形
17	个三角形

4.

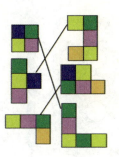

5.

6.

　　　（6）个

　　　（6）个

　　　（7）个

7. 略。

8. 如图：

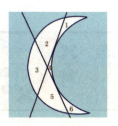

9. 如图：

10. 箭头e和箭尾3是配对的。

11.

12.

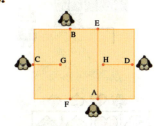

13. E。

14. B。（图形分别覆于彼此上方，并且交换颜色。两个图形重叠部分变为白色。）

15. 图③。

16. C。

图形综合

1.

143

2. G：7个三角形套起来； H：9个正方形套起来。 I：1个圆。

每个图形都按图形角的个数增加。

3. B。（只有B没有形成三角形）

4. C。（按顺时针方向看，数字等于前一个图形的边数）

5.

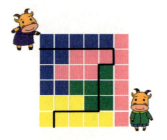

6.

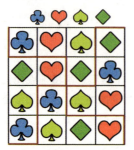

7.

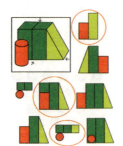

8.

图1

图2

9. 乙。

10. A：1、2、3　　B：2、3、4
C：1、3、4　　D：1、2、4

11. A。

12. 应填入 ⊙ 。（排列规律为：从左上角开始，顺时针向内旋转）

13. B和E。

14. A。（规律是：脸部加一笔；在脸部加一笔和一根头发；加一根头发；在脸部加一笔和加一根头发。如此反复。那么第8个图应是在第7个图上加一根头发）

观察分析

1.

第三章　高级篇

2.

3.

4. 3个。（完全相同的格子是b1、j3、d5。）

5.

6. 图中有1棵树和5只鸟，还可以看作是一个女人的脸。

第三章　高级篇

7. 图中有9个人物。

8.

9.

10. 8种。

11. 字母D不在里面。

12. C。（小圆圈的数量等于多边形的边数，但只有C中的圆圈数量比边数多1）

13. C。（在其他各组图中，最大的图形与最小的图形相同）

14. B。（在该项中没有形成一个三角形）